Artistes | numéro **17**

AF293952

VAN GOGH, PEINTRE DE LA FOLIE

Un artiste maudit en quête de sens

par Eliane Reynold de Seresin

50MINUTES

Avec la collaboration d'Anthony Spiegeler

50MINUTES

CULTIVEZ-VOUS
SANS MODÉRATION !

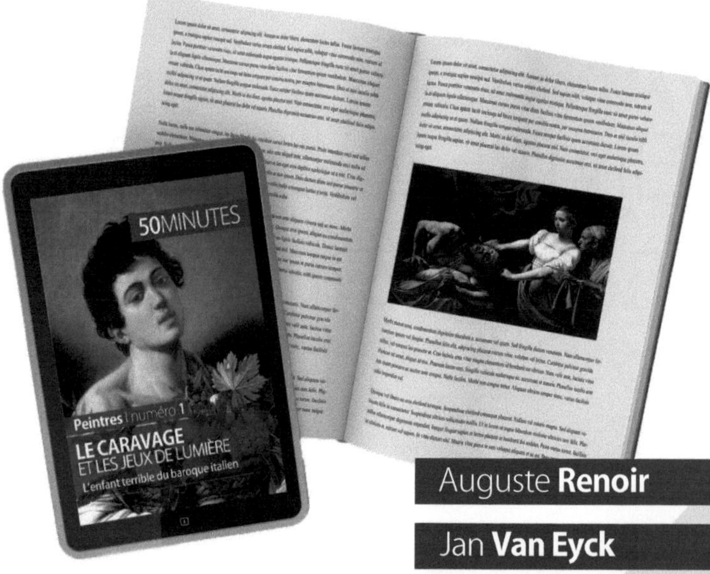

Auguste **Renoir**

Jan **Van Eyck**

Johannes **Vermeer**

Gustav **Klimt**

Eugène **Delacroix**

www.50minutes.com

VAN GOGH 5

CONTEXTE 7

Le calme après la tempête
Modernité *versus* ruralité
L'essor du réalisme
L'influence impressionniste

BIOGRAPHIE 11

La prédication héritée du Nord
La palette pour viatique
Plein soleil
Mise en lumière posthume

CARACTÉRISTIQUES 16

Une œuvre naturaliste
L'influence du « monde flottant »
Le chant de la couleur
Quand l'esprit se fait matière

SÉLECTION D'ŒUVRES 20

Les Mangeurs de pommes de terre
Le Semeur au soleil couchant
Les Tournesols
Nuit étoilée
La Chambre de Van Gogh à Arles

VAN GOGH, UNE SOURCE D'INSPIRATION 30

La couleur du fauvisme
Vers un nouveau langage artistique

EN RÉSUMÉ 33

POUR ALLER PLUS LOIN 34

VAN GOGH

- **Naissance ?** Né le 30 mars 1853 à Groot-Zundert (Pays-Bas).
- **Mort ?** Décédé le 29 juillet 1890 à Auvers-sur-Oise.
- **Contexte ?** Le postimpressionnisme.
- **Œuvres majeures ?**
  - *Les Mangeurs de pommes de terre* (1885)
  - *Les Souliers* (1886)
  - *Les Tournesols* (1888)
  - *Le Semeur au soleil couchant* (1888)
  - *Nuit étoilée* (1889)
  - *La Chambre de Van Gogh à Arles* (1889)
  - *Autoportrait à l'oreille bandée* (1889)

Né aux Pays-Bas, Vincent Van Gogh, génie aussi instable et fragile que puissant, est profondément marqué par les revendications sociales qui bouleversent le XIXᵉ siècle. Homme de foi à la personnalité dépressive et à la vocation controversée, il trouve dans le réalisme des écrivains français, l'art des peintres hollandais et les œuvres de Jean-François Millet (1814-1875) un écho à ses propres préoccupations.

Inspiré par la révolution impressionniste autant que par le japonisme, il développe son propre langage artistique, en marge des artistes contemporains. Sa fébrilité mentale s'aggravant de plus en plus au fil du temps, la peinture lui offre un exutoire. Avec lui, le sujet représenté n'est plus l'objet unique de toutes les attentions, mais un moyen de trahir pour mieux traduire l'inconscient de l'artiste. Par la violence de la couleur, la nervosité de l'exécution et la torsion de la ligne, Vincent Van Gogh ouvre de nouvelles voies artistiques qui donneront naissance à deux courants, et non des moindres : le fauvisme et l'expressionnisme. Longtemps incompris et mort dans l'ombre, cet artiste solaire n'en bouleverse pas moins dans son sillage tout l'art du XXe siècle.

CONTEXTE

LE CALME APRÈS LA TEMPÊTE

En France, après les tentatives avortées de la IIe République (1848-1851), le Second Empire (1852-1870) marque une période de stabilité économique relative. Le développement de la grande industrie et des voies de communication, notamment avec l'essor du chemin de fer, la création des banques ou encore l'irruption des grands magasins assoient le pouvoir de la bourgeoisie émergente et le marché du travail renoue avec la croissance. Les années 1860 voient en outre l'instauration du libéralisme politique. En effet, pour s'assurer la popularité, Napoléon III (1808-1873) accorde le droit de grève en 1864 et, quatre ans plus tard, les députés ont le droit d'interpellation.

Mais ce semblant d'équilibre est bouleversé lorsque, en digne héritier des rêves bonapartiens de grandeur, Napoléon III déclare la guerre à la Prusse. S'il capitule rapidement à Sedan, le 2 septembre 1870, Paris est toutefois assiégé pendant plusieurs mois. En mars 1871, la capitale devient le berceau d'une révolte populaire sans précédent qui renverse le régime : c'est la Commune. Confortant par ses revendications le socialisme, né dans les années 1820, elle exige notamment une réforme du monde ouvrier, car l'essor économique est loin de rimer avec progrès social. Il faut attendre l'avènement de la IIIe République (1870-1940) et l'instauration des lois constitutionnelles de 1875 pour que le calme politique règne enfin. La même année, Vincent Van Gogh, originaire des Pays-Bas, effectue son premier séjour en France.

MODERNITÉ *VERSUS* RURALITÉ

Les progrès de la métallurgie entraînent l'apparition de nouveaux matériaux de construction plus légers et plus malléables. Grâce à ces évolutions, Paris se transforme sous l'égide du préfet Haussmann (1809-1891), obéissant à la volonté de Napoléon III qui souhaite faire de la ville « la capitale des capitales ».

Grâce au développement du chemin de fer, la campagne se trouve désormais aux portes de Paris, pour le plus grand bonheur des citadins, qui découvrent les joies des bords de Seine, tandis que le monde rural se sent envahi. Par essence plus conservatrice, moins encline à saluer l'arrivée de ces machines qu'elle sait déjà menaçantes, la paysannerie ne semble pas en phase avec les idéaux modernes républicains assoiffés de bouleversements. Ainsi, si le monde bascule dans la modernité de manière inexorable, la frénésie du progrès engendre une hystérie collective qui en effraie certains. Plusieurs artistes regrettent les dérives de la modernité et défendent la vie rurale, intrinsèquement bonne pour l'homme. Étant de ceux-là, Van Gogh privilégie toute sa vie durant la simplicité paysanne et la nature, comme le montrent certaines de ses toiles, notamment *Les Souliers* (1886), ou ses scènes champêtres.

L'ESSOR DU RÉALISME

Sur le plan culturel, si le règne napoléonien rimait avec un certain idéalisme, désormais, suite à la modernisation de la société, c'est le réalisme qui occupe le devant de la scène. Le peuple suscite un regain d'intérêt auprès des écrivains qui s'attardent désormais à retranscrire, avec justesse et fidélité, la simplicité de la vie quotidienne. Gustave Flaubert (1821-1880), Guy de Maupassant (1850-1893) et surtout Émile Zola (1840-1902) offrent ainsi un regard nouveau sur la société qui marque beaucoup Van Gogh.

En peinture, Jean-François Millet et Gustave Courbet (1819-1877) deviennent respectivement les chefs de file de l'école de Barbizon et du réalisme, deux courants qui se développent au milieu du XIXe siècle. Héritiers des maîtres hollandais autant que des paysagistes anglais, les peintres de Barbizon trouvent dans les scènes du quotidien ou dans la nature une humanité dans laquelle ils se reconnaissent plus que dans les sujets historiques et antiques préconisées par l'Académie des beaux-arts.

L'ÉCOLE DE BARBIZON

Installé à Barbizon, Jean-François Millet est le fondateur d'un courant qui rend ses lettres de noblesse au paysage. L'école de Barbizon, dont les représentants les plus illustres, outre Millet, sont Jean-Baptiste Camille Corot (1796-1875), Narcisse Díaz de la Peña (1807-1876), Théodore Rousseau (1812-1867) et Charles-François Daubigny (1817-1878), fait de la nature le sujet principal des œuvres et répand la peinture sur le motif, largement pratiquée par les impressionnistes par la suite.

Et si les artistes profitent des progrès scientifiques – notamment l'invention des tubes de peinture par Lefranc en 1859, qui les incite à peindre en plein air, ou celle de la photographie, par Nicéphore Niepce (1765-1833) en 1826, qui permet de saisir l'instantanéité du monde –, on note chez beaucoup le besoin de représenter une vision édénique du monde rural, loin de l'enfer moderne et des rythmes effrénés de l'industrialisation galopante. Les peintres de Barbizon, notamment, fuient donc la ville pour la campagne, privilégiant le calme à l'agitation.

Van Gogh, nourri par les maîtres hollandais, est aussi profondément influencé par Millet, dont les scènes de paysannerie, comme *La Sieste* (1866) ou *Le Semeur* (1850), auront un rayonnement décisif sur son œuvre et celle des impressionnistes, lesquels auront également une grande incidence sur le peintre néerlandais.

L'INFLUENCE IMPRESSIONNISTE

Van Gogh effectue son premier séjour sur le sol français un an après la retentissante première exposition des impressionnistes de 1874. Ce nouveau mouvement, inspiré par l'anticonformisme d'Édouard Manet (1832-1883), rejette les normes strictes dictées par l'Académie française. Face à l'hégémonie des sujets d'histoire, à la primauté du dessin, à l'universalité et à la référence à l'Antiquité, les artistes impressionnistes mettent en avant leur subjectivité et privilégient les paysages ou les sujets de la vie quotidienne, la couleur – appliquée en petites touches fragmentées –, l'instantanéité, le fugitif, la lumière et la nature.

À la recherche de nouveaux sujets de prédilection, l'impressionnisme ne reste pas insensible aux propositions de l'art japonais découvert après la fin du Sakoku. Lors de l'exposition universelle organisée par la France en 1867, un pavillon dédié aux œuvres japonaises crée l'événement. Resté longtemps à l'abri des regards, l'art des estampes japonaises, l'*Ukiyo-e* (étymologiquement « monde flottant ») se révèle, proposant un nouveau schéma artistique qui suscite l'intérêt de nombreux jeunes artistes, dont Edgar Degas (1834-1917) ou Claude Monet (1840-1926). Van Gogh, très tôt sensibilisé à l'art, comprend vite l'apport des estampes japonaises qu'il découvre dans le Nord. La souplesse du trait, la perspective, le cerne noir, la mise en page et la thématique de la nature trouvent un profond écho chez l'artiste.

LE SAVIEZ-VOUS ?

Le *Sakoku* désigne une politique isolationniste japonaise, que l'on peut traduire par « fermeture du pays ». Elle dure plus de deux siècles, de 1641 à 1853. Grâce à l'expédition menée par le commodore américain Matthew Perry (1794-1858), qui aboutit à la signature de la convention de Kanagawa le 31 mars 1854, l'archipel s'ouvre à nouveau au monde, rendant les échanges possibles.

BIOGRAPHIE

LA PRÉDICATION HÉRITÉE DU NORD

Vincent Van Gogh naît aux Pays-Bas, à Groot-Zundert, le 30 mars 1853. Né jour pour jour un an après un enfant mort en bas âge dont il porte le prénom, il grandit au sein d'une famille de six enfants dont il est l'aîné et dont le père est pasteur. Si l'on connaît peu le lien qui l'unit au reste de la fratrie, on sait en revanche qu'il est très proche de son frère cadet Théodorus, dit Théo, à qui il écrira toute sa vie. De leur relation épistolaire, on compte aujourd'hui plus de 600 lettres. Son petit frère sera toujours pour lui un soutien aussi bien moral que financier.

Dans une famille où l'on est pasteur ou marchand d'art de père en fils, Vincent Van Gogh suit naturellement la tradition familiale et travaille dès 1869 dans la galerie d'art dirigée par un de ses oncles, Goupil & Co, à la Haye. Cette grande ville semble mieux correspondre au tempérament de l'artiste qui y visite les musées et découvre les maîtres hollandais. Par ailleurs, il développe rapidement un grand sens du commerce de l'art. Il travaille alors dans les différentes filiales de la galerie, à Bruxelles, à Londres ou à Paris, qu'il découvre en 1875. Mais, refusant de considérer l'art comme une simple marchandise, il finit par être renvoyé.

En parallèle, et suite à une déception amoureuse, il se plonge avec assiduité dans la Bible : une vocation naît. Il commence alors le séminaire à Amsterdam en 1878, après avoir été professeur puis prédicateur méthodiste à Londres en 1876, mais il échoue à ses examens. Il part tout de même évangéliser les mineurs du Borinage dans les environs de Mons, en Belgique, et, par empathie, partage la vie de ceux qu'il convertit. Toutefois, son enthousiasme excessif effraie son entourage.

Après un séjour conflictuel chez ses parents, désormais basés à Etten, la fragilité mentale de Van Gogh transparaît alors qu'il n'a pas encore 30 ans. Son père essaie, en vain, de le faire interner. C'est à cette même époque que sa vocation artistique éclot. En 1880, il s'inscrit à l'Académie royale des beaux-arts de Belgique et rencontre Anthon Van Rappard (1858-1892), un peintre hollandais dont il devient proche.

LA PALETTE POUR VIATIQUE

En 1880, Van Gogh retourne à la Haye, où il se consacre pleinement à la peinture et suit un enseignement artistique (aquarelle et art de la perspective) auprès du peintre Anton Mauve (1838-1888), son cousin par alliance. Il approfondit sa connaissance des maîtres flamands, comme Pierre Paul Rubens (1577-1640), et hollandais, comme Frans Hals (vers 1582-1666) ou Rembrandt (1606-1669), dont le réalisme le touche. Ses lectures, d'Honoré de Balzac (1799-1850) à Charles Dickens (1812-1870) en passant par Émile Zola, également empreintes de réalisme et de naturalisme, ponctuent son quotidien. En 1881, il rencontre une prostituée déjà mère et enceinte, Sien Hoornik, mais sa famille s'oppose fermement à leur union.

Après un cours passage à Drenthe, le peintre s'installe à Nuenen pendant deux ans, de 1883 à 1885. Là, il côtoie Margot Begemann, mais, à nouveau, les deux familles refusent que Van Gogh et la jeune femme s'unissent. Celle-ci, qui aime tendrement l'artiste, fait une tentative de suicide.

Van Gogh peint à cette période de nombreuses scènes paysannes dans des tons sombres, rembrantiens. C'est alors qu'il peint son premier chef-d'œuvre, *Les Mangeurs de pommes de terre* (1885), après une trentaine d'études. Suite au décès brutal de son père, en mars 1885, il part à Anvers suivre des cours aux Beaux-Arts et découvre les estampes japonaises.

Son frère Théo dirigeant la succursale de la galerie Goupil à Paris, il décide de le rejoindre en 1886. C'est grâce à lui que Van Gogh découvre les impressionnistes, grâce auxquels sa palette s'éclaircit. Le peintre rencontre Camille Pissarro (1830-1903), Claude Monet (1840-1926), Paul Gauguin (1848-1903), Georges Seurat (1859-1891) ou encore Henri de Toulouse-Lautrec (1864-1901), et subit l'influence du japonisme. Il devient l'ami du marchand de couleurs surnommé « le Père Tanguy », chez qui les artistes en vogue se réunissent. Le boutiquier est le premier à exposer les œuvres de Van Gogh et ce dernier, en signe de reconnaissance, dresse son portrait.

Finalement, peu à l'aise dans le milieu trépidant de la capitale et las, le peintre décide de s'installer au calme dans le Midi pour s'adonner à son art.

PLEIN SOLEIL

Arrivant dans le Sud par un temps de neige, comme si la Provence saluait ce protestant venu du Nord, l'artiste est viscéralement marqué par la lumière et les teintes méditerranéennes. La couleur zénithale inonde alors ses toiles et modifie intrinsèquement ses œuvres, où le jaune se fait nettement prédominant, comme on peut le voir dans *Les Tournesols* (1888), *Terrasse de café, la nuit* (1888), *Le Café de nuit* (1888) ou *Nuit étoilée* (1889).

Vincent Van Gogh, isolé, comme le prouvent les six autoportraits réalisés à Arles (alors qu'il en a déjà peint une vingtaine) ainsi que ses natures mortes, rêve de créer une communauté d'artistes. Paul Gauguin finit par le rejoindre dans sa Maison jaune, que l'artiste représentera dans de nombreux tableaux dont *La Chambre de Van Gogh à Arles* (1889). Si leur collaboration démarre sous de bons auspices, des dissensions artistiques naissent rapidement et la cohabitation se termine sur une note dramatique : Van Gogh se mutile l'oreille, comme on peut le voir dans son *Autoportrait à l'oreille bandée* (1889). Dès lors, les habitants d'Arles réclament auprès du maire l'éloignement du peintre, voire son internement.

VAN GOGH ET GAUGUIN

Vincent Van Gogh et Paul Gauguin influencent chacun, à leur manière, l'art de l'autre. Ainsi, l'expressivité de Gauguin vient du peintre hollandais, tandis que les aplats de couleurs de Van Gogh lui sont inspirés par son collaborateur. Cette influence réciproque se trouve au cœur de leur correspondance.

Peu de temps après, Van Gogh connaît une nouvelle crise et se fait interner, de son plein gré, à Saint-Paul de Mausole, à quelques kilomètres de Saint-Rémy de Provence. Théo, inquiet, enjoint à son frère de se rapprocher de lui. En 1890, Van Gogh obtempère et s'installe à Auvers-sur-Oise, où il fait la connaissance du docteur Gachet. Admiratif de la peinture moderne, ami d'Édouard Manet, d'Edgar Degas, de Paul Cézanne (1839-1906) et de Pierre-Auguste Renoir (1841-1919), Paul Gachet décèle tout de suite le talent de Van Gogh et lui commande plusieurs œuvres. Extrêmement prolifique, l'artiste peint environ 70 toiles en seulement deux mois, dont *L'Église d'Auvers-sur-Oise, vue du chevet* (1890). Pourtant, un jour d'été, parti peindre sur le motif, il tente de se suicider et expire deux jours plus tard, dans les bras de son frère.

MISE EN LUMIÈRE POSTHUME

À l'exception de quelques initiés, c'est dans l'ignorance générale que Vincent Van Gogh s'éteint le 29 juillet 1890. Si un début de reconnaissance apparaît dans les derniers mois de sa vie – il est en effet salué par Albert Aurier dans le *Mercure de France* comme étant l'un des princes de l'avant-garde –, il est trop tard pour celui qui ne vendit qu'une seule toile de son vivant, en 1890, *La Vigne rouge*. Johanna Van Gogh, l'épouse de Théo, légataire universel de l'œuvre, entreprend de faire connaître le talent de son beau-frère et décide de publier également, pour la première fois en intégralité, la correspondance des deux frères en 1914. Aussi lie-t-elle à jamais leur sort en déplaçant la dépouille de Théo dans le cimetière d'Auvers-sur-Oise, afin qu'il repose à côté de son aîné pour l'éternité.

Si la première exposition des œuvres de Van Gogh a lieu deux ans après la mort de l'artiste, à Berlin, à l'hiver 1901, grâce à Paul Cassirer, celle de 1905 au Stedelijk Museum d'Amsterdam, financée par Johanna Van Gogh, a un retentissement particulier et est sans doute la première réelle mise en lumière de l'œuvre de l'artiste. Les deux primo-organisateurs se lieront par la suite pour renouveler l'événement. La première exposition outre-Atlantique a lieu juste avant la Première Guerre mondiale. En 1930, celle organisée au Museum of Modern Art de New York offre une renommée planétaire à l'œuvre de Van Gogh, qui est aujourd'hui considéré comme l'un des plus grands artistes du XXe siècle.

CARACTÉRISTIQUES

UNE ŒUVRE NATURALISTE

Si les thèmes abordés par Van Gogh évoluent au fil des années, nul doute que l'artiste est toute sa vie particulièrement sensible à la misère d'autrui. Vivant auprès des plus pauvres, ce fils de pasteur à l'âme torturée est particulièrement touché par les chefs-d'œuvre des maîtres flamands qui, très tôt, ont ressenti le besoin de peindre la vie quotidienne. On pense aux portraits individuels ou groupés de Frans Hals, comme *La Maigre compagnie* (1637), ou encore aux *Pèlerins d'Emmaüs* (vers 1629) et à *La Ronde de nuit* (1642) de Rembrandt. Aussi les œuvres de jeunesse de l'artiste se caractérisent-elles par des tons terreux et des jeux de clair-obscur.

Sa lecture des écrivains réalistes confirme cette inclinaison pour ses frères de misère, et il est peu étonnant que 1885, l'année où il achève *Les Mangeurs de pommes de terre*, voie également la publication d'un chef-d'œuvre emblématique d'Émile Zola, *Germinal*, les revendications sociales étant dans tous les esprits en cette fin du XIXᵉ siècle. Empathique, Van Gogh réalise de nombreuses études et autres portraits de paysans. À cet égard, un autre artiste a une influence décisive sur le peintre : Jean-François Millet. La peinture en plein air du maître offre à Van Gogh les réponses qu'il a longtemps cherchées. On retrouve l'influence de Millet dans les œuvres de Van Gogh représentant les travaux des champs – reflet de la vie laborieuse et simple des paysans – comme *La Méridienne* (1889-1890) ou *Le Semeur au soleil couchant* (1888). Toute sa vie, cet esprit torturé aspire à un bonheur simple.

L'INFLUENCE DU « MONDE FLOTTANT »

Découvrant le japonisme à Anvers, Van Gogh est conforté dans ses goûts en arrivant à Paris, où l'école de l'*Ukiyo-e* (« monde flottant ») fait des émules. De nombreux écrivains, journalistes ou industriels, comme Edmond de Goncourt (1822-1896), par exemple, collectionnent les estampes de ce « monde flottant » si différent de l'art occidental. Van Gogh, à l'instar de nombreux peintres, s'adonne également à cette mode japonisante. On retrouve ainsi dans ses toiles la simplification du motif par la ligne, la fluidité du trait, les aplats de couleurs, l'importance de la nature ou encore le cadrage décalé par rapport au sujet. Certaines œuvres se veulent même un hommage aux estampes japonaises, comme c'est le cas de *Pont sous la pluie* (d'après Hiroshige, 1797-1858) et, même dans son style le plus vangoghien, on retrouve en filigrane la prégnance des maîtres orientaux (*Oliveraie*, 1889).

Et si le contraste ne cesse d'étonner entre Hiroshige et Van Gogh, sans doute le calme, l'harmonie et l'ordre japonais sont-ils apaisants et salutaires pour l'esprit torturé du peintre néerlandais. À cet égard, l'exposition qui a lieu à la Pinacothèque de Paris en 2012-2013 souligne particulièrement le lien qui unit les deux artistes : « Que ce soit par une référence directe ou par un jeu de références composites, l'art de Van Gogh se transforme en une reprise moderne et tourmentée des thèmes et des sujets que Hiroshige a peints, un siècle et demi auparavant, à l'autre bout du monde. » (RESTELLINI (Marc), communiqué de presse pour l'exposition *Van Gogh, rêves de Japon et Hiroshige, l'art du voyage*, 3 octobre 2012-17 mars 2013, Paris, Pinacothèque, juillet 2012, p. 3)

LE CHANT DE LA COULEUR

L'impressionnisme joue également un rôle fondamental dans l'œuvre de Vincent Van Gogh. Son frère, Théo, qu'il rejoint dans la capitale, offre très tôt une place de choix à ces nouveaux artistes dans la galerie qu'il dirige, initiant dès lors son aîné à ce courant artistique révolutionnaire. Entraîné par ses compagnons de fortune, l'artiste peint désormais sur le motif, en plein air, et s'imprègne du chant de la nature qu'il retranscrit avec sa propre vision. Aussi sa palette s'éclaircit-elle significativement dès son arrivée à Paris.

Les recherches des impressionnistes sur la lumière, l'instantanéité et l'éphémère, ainsi que leur travail sur la couleur trouvent une résonance particulière dans les choix artistiques de Van Gogh. Différentes nuances de tons apparaissent dans ses œuvres, obtenues grâce aux progrès scientifiques qui ont ouvert le spectre chromatique. La juxtaposition de la touche, issue des recherches de Michel-Eugène Chevreul (1786-1889) et sa loi sur le contraste simultané des couleurs (1839) ne laissent pas l'artiste indifférent. Toutes ces avancées en termes de chromatisme prennent peu à peu racine dans l'art vango-ghien, dont la force de la couleur devient l'une des caractéristiques majeures. Plus précisément, le jaune, la couleur incendiaire par excel-lence, et dont le caractère excessif sied particulièrement au peintre, devient l'une des signatures de Van Gogh.

QUAND L'ESPRIT SE FAIT MATIÈRE

Mais ce qui est sans doute le plus symptomatique chez l'artiste, c'est la torsion de la ligne, reflet inconscient de l'esprit torturé de Van Gogh. Aussi les rayures, comme un souvenir du cerne japonais, confèrent-elles un rythme saccadé à ses œuvres, amorçant un mou-vement intrinsèque au sein des compositions. Van Gogh n'impose pas à ses toiles une structure arbitraire : les lignes semblent éma-ner du sujet lui-même, qui devient peu à peu le maître du tableau. Autrement dit, il ne part plus d'une structure externe, dictée par les règles préétablies de l'art, comme celle de la perspective ou celle de la représentation objective du monde extérieur. Au contraire, la structure est donnée par le sujet lui-même du tableau, qui reflète inconsciemment l'état d'esprit du peintre. Si les codes académiques ont déjà été abolis par les impressionnistes, Van Gogh ouvre ici un nouvel horizon en introduisant la psyché de l'artiste dans l'œuvre d'art. Psychisme et œuvre d'art, esprit et matière, ne font dès lors plus qu'un. Le tableau devient désormais la prolongation intime de l'artiste, trahissant sa personnalité. Au lieu de délivrer un message simple, il devient le manifeste du peintre et de sa pensée.

L'épaisseur de la touche et les coups de brosse nerveux trahissent la rapidité d'exécution de Van Gogh, qui lutte de toutes ses forces, presque convulsivement, avec la matière. La distorsion des lignes vangoghiennes semble alors signifier que tout est mouvance et que rien n'est établi ou stable. Sans doute son déséquilibre mental reproduit-il ce sentiment sur ses toiles, trahissant sa douleur de n'être bien nulle part. Cette nouvelle façon de s'exprimer bouleverse l'essence même de l'œuvre d'art, traçant une voie nouvelle pour les générations futures.

LES MANGEURS DE POMMES DE TERRE

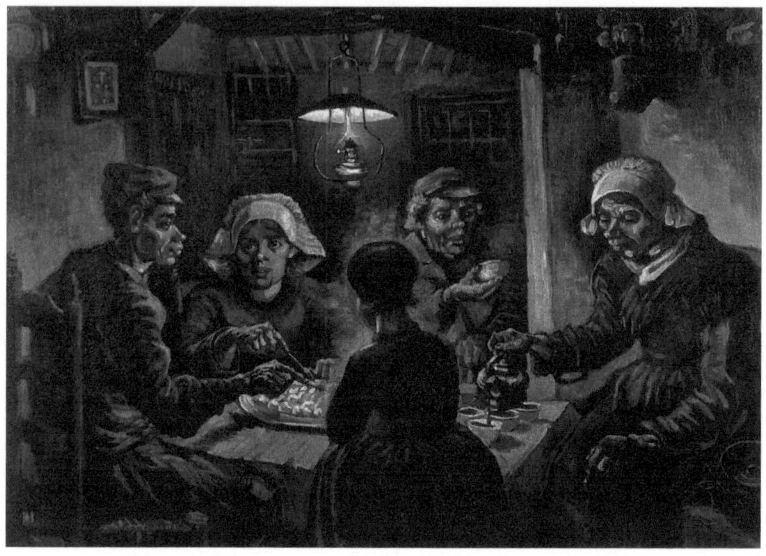

Les Mangeurs de pommes de terre, 1885, huile sur toile, 82 x 114 cm, Amsterdam, musée Van Gogh.

Le tableau *Les Mangeurs de pommes de terre* est un hymne à la paysannerie et à la simplicité. Considérée comme le premier chef-d'œuvre de Van Gogh, réalisée lors de son séjour à Nuenen en 1885, cette toile trahit son admiration pour les peintres hollandais. Les tons terreux évoquent le mode de vie rural des paysans, dont les doigts noueux trahissent la dureté du labeur. Dans une lettre adressée à son frère Théo, l'artiste insiste sur l'honnêteté et le mérite de ces gens simples : « Ce tableau, donc, évoque le travail manuel et suggère que ces paysans ont honnêtement mérité de manger ce qu'ils mangent... » (Lettre à Théo, 404 N, 30 avril 1885, Nuenen, sur vanggoghletters.org, consulté le 20 juillet 2014)

Leurs visages s'assimilent d'ailleurs à ce qu'ils mangent : leurs têtes sont brutes, mal lavées, originelles. La pénombre souligne leur vie recluse, synonyme d'humilité. Quant au clair-obscur, il trahit l'influence de Rembrandt. Ici, la lumière de la lampe n'est qu'artificielle, car la luminosité du tableau émane plutôt de la table, véritable point de réunion et d'ancrage des personnages, comme si leur richesse était dans le partage. Fils de pasteur, Van Gogh ne peut qu'être touché par la thématique biblique du pauvre parmi les pauvres.

Si le trait évoque l'exécution rapide propre à Van Gogh, l'artiste réalise toutefois plus de trente études avant de parvenir à ce chef-d'œuvre, l'un des rares qu'il revendiquera jusqu'à la fin de sa vie. Véritable hommage aux peintres hollandais, et en particulier à Rembrandt, cette toile souligne les racines fondamentales de l'art vangoghien.

LE SEMEUR AU SOLEIL COUCHANT

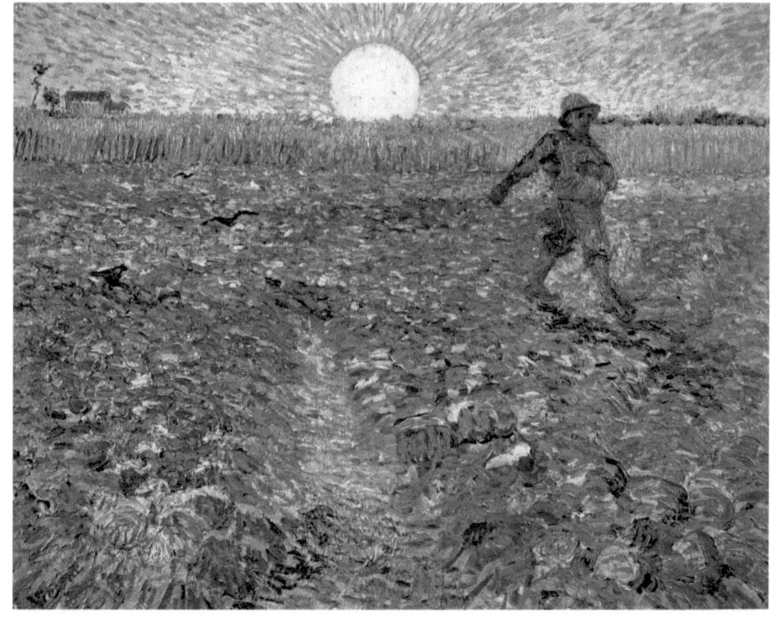

Le Semeur au soleil couchant, 1888, huile sur toile, 64 x 84,5 cm, Otterlo, Rijksmuseum Kröller-Müller.

Si *Le Semeur au soleil couchant* est un hommage appuyé au *Semeur* (1851) de Jean-François Millet, tant par le titre de l'œuvre et sa thématique que par la disposition du tableau et la gestuelle du personnage, la touche de Van Gogh est toutefois plus moderne. Celle-ci est à première vue typiquement impressionniste. En réalité, cette toile est composée juste après le second séjour de l'artiste à Paris, où il s'intéresse au divisionnisme et côtoie les peintres impressionnistes. Se mettant à peindre sur le motif, Van Gogh reprend aussi leur technique, notamment la juxtaposition des couleurs. Quant au halo du soleil, il évoque la technique pointilliste chère à Georges Seurat et que Van Gogh apprécie.

En outre, ce n'est pas un hasard si l'artiste reprend cette théma-tique plusieurs fois au cours de sa carrière. En effet, le personnage du semeur n'est pas sans évoquer la parabole biblique du semeur qu'il écoutait enfant. Par ailleurs, le peintre qu'il est sème les graines de son art, espérant sans doute entraîner des épigones dans son sillage. De plus, l'astre solaire déclinant, bas et orangé, annonce la fin du jour et, métaphoriquement, la mort à venir. Les blés fauchés du premier plan corroborent cette interprétation. L'atmosphère qui se dégage de cette fin de journée est paisible, comme le rapport qu'entretient Van Gogh avec la mort à ce moment-là. L'artiste ne dit-il pas : « Je vis l'image de la mort, dans ce sens que l'humanité serait le blé que l'on fauche [...]. Mais dans cette mort rien de triste, cela se passe en pleine lumière avec un soleil qui inonde tout de lumière d'or fin » (Van Gogh cité par BARIELLE (Jean-François), *Vie et Œuvre de Van Gogh*, Paris, ACR édition-Vilo, 1984, p. 160) ?

LE POINTILLISME ET LE DIVISIONNISME

Le pointillisme apparaît dans la lignée de l'impressionnisme, qui a initié la fragmentation de la touche de couleur : Georges Seurat poursuit et dépasse cette révolution artistique en peignant par petits points. Le divisionnisme, quant à lui, est une technique picturale également postimpressionniste dont la caractéristique est de confronter deux touches de couleur pure, opposées ou complémentaires, afin que le dessin naisse de l'interaction des couleurs. Paul Signac (1863-1935) est le plus illustre représentant de cette manière de peindre. La distinction entre ces deux techniques picturales, très proches au demeurant, réside dans le fait que le pointillisme se concentre sur la division de la touche uniquement tandis que le divisionnisme, également réalisé à l'aide de points de peinture, se préoccupe davantage du contraste des couleurs. Nés dans le sillage de l'impressionnisme, ces deux courants appartiennent au néo-impressionnisme.

LES TOURNESOLS

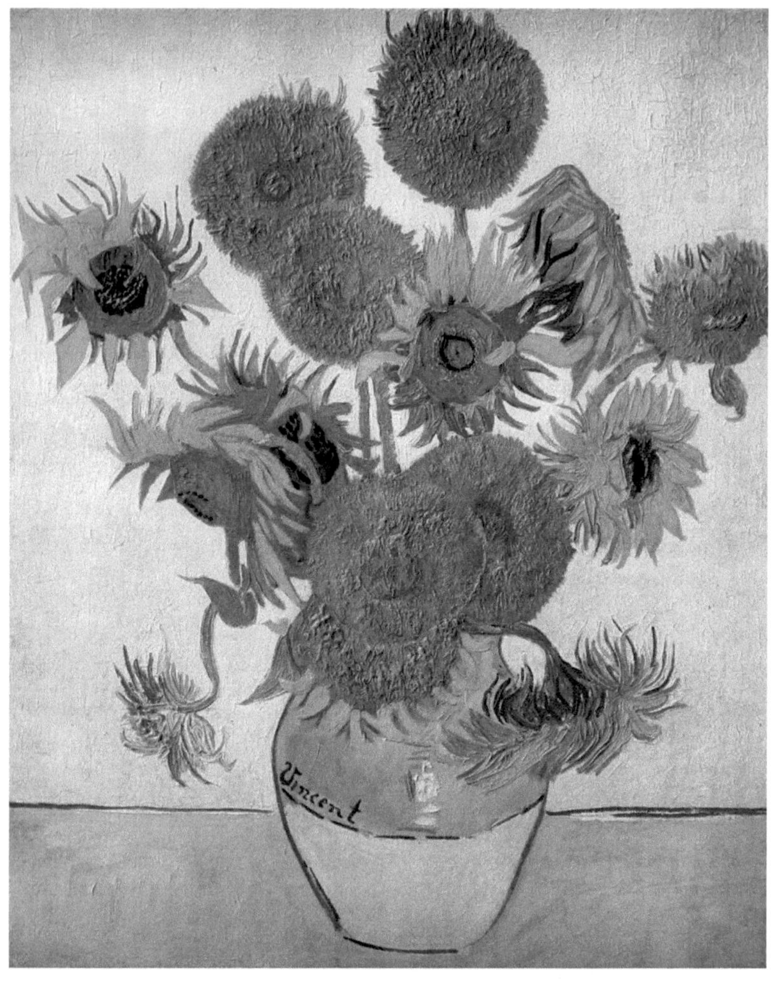

Les Tournesols, 1888, huile sur toile, 92,1 x 73 cm, Londres, National Gallery.

Si Van Gogh entame le cycle des tournesols à Paris, il prend pleinement possession de ce thème à Arles, au cœur d'une région inondée de soleil, de surcroît dans une maison appelée « la Maison jaune ».

Souhaitant décorer la chambre de son ami Paul Gauguin, dont la venue est censée être le prélude à la création d'une communauté d'artistes à laquelle Van Gogh tient beaucoup, l'artiste choisit de peindre des tournesols, symbole de l'admiration qu'il voue désespérément à Paul Gauguin.

Ces fleurs sont une des thématiques de prédilection du peintre puisque l'on ne compte pas moins de sept versions plus ou moins proches réalisées au cours de sa carrière. Cela n'est guère étonnant lorsque l'on sait que les tournesols, également appelés « soleil », évoquent l'astre solaire auquel Van Gogh est particulièrement sensible, même si sa chaleur engendre chez lui des fièvres d'été qui le plongent dans un profond désarroi.

Le peintre nous offre ici une large variété chromatique de jaunes, qu'il n'applique pas seulement aux fleurs, mais aussi au vase, au premier et au second plan du tableau. Les touches ponctuelles et épisodiques de vert, de bleu et de marron ne semblent avoir été appliquées que pour mieux souligner la couleur solaire prédominante.

Si Monet, sept ans auparavant, effectue une œuvre sur le même sujet, à savoir des tournesols dans un vase, que Van Gogh ne vit sans doute pas mais que Gauguin connaissait, leur rendu diffère fondamentalement. La nature morte de Monet n'est que douceur et équilibre, tandis que celle de Van Gogh interpelle dès le premier regard : dérangés, presque en mouvement, ces tournesols semblent vivants, une impression renforcée par la touche épaisse. De plus, lorsque l'on regarde attentivement les fleurs, on constate que certaines sont en bouton, d'autres pleinement épanouies tandis que d'autres encore s'inclinent déjà. Les tournesols ouverts, en pleine gloire, incarnent le moi idéal, solaire de l'artiste, et s'opposent à son moi finissant, tremblant, voire pourrissant, représenté par les autres fleurs. Van Gogh couche ainsi sur la toile son intériorité, sous toutes ses formes, faisant de ce tableau un véritable hymne à la vie et à la mort. Et si la couleur jaune est l'une des signatures du peintre, en particulier pendant sa période arloise, ici, par la largeur du spectre chromatique qu'il déploie, l'artiste nous livre un véritable manifeste de sa couleur de prédilection.

NUIT ÉTOILÉE

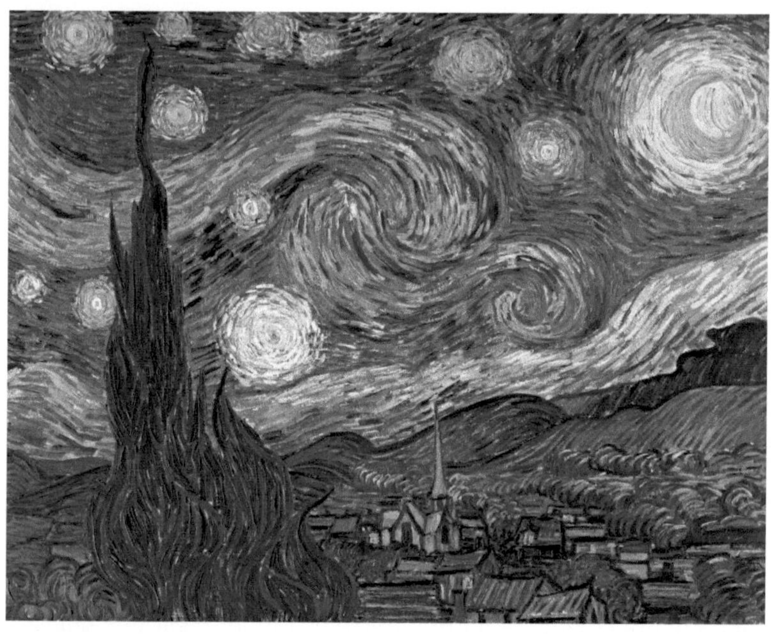

Nuit étoilée, 1889, huile sur toile, 73,7 x 92,1 cm, New York, Museum of Modern Art.

Après de nombreuses crises de dépression, Vincent Van Gogh reconnaît son incapacité à gérer la solitude et accepte de se faire interner. L'ancien couvent de Saint-Paul-de-Mausole, reconverti en hôpital psychiatrique, met à sa disposition une chambre supplémentaire afin qu'il puisse continuer à pratiquer son art, seul viatique nécessaire au salut de l'artiste, qui peint sans relâche.

Influencé par la palette colorée des impressionnistes et par les recherches divisionnistes, le peintre fait la synthèse de ces différentes influences et confronte ici deux couleurs primaires – le bleu de Saint-Rémy et le jaune arlois – dont la puissance heurte le regard. La couleur éblouissante, irradiante, fiévreuse, solaire, se noie dans la couleur calme de l'immensité pour mieux la soumettre à son rythme.

Effectuée depuis sa chambre, l'œuvre ne reproduit pourtant pas avec exactitude la vue qui s'offre à l'artiste. Et pour cause. La photographie libérant le peintre de la reproduction fidèle, Van Gogh utilise le paysage comme prétexte pour s'incorporer à son œuvre, couchant ainsi sur la toile la fièvre créatrice avec laquelle il peint, afin de nous dévoiler autre chose qu'une simple vue.

Le cyprès (inexistant), ajouté à la composition et étiré à l'excès, lie la terre au ciel. Déformé, il ressemble à une flamme noire menaçante qui s'élance dans le ciel inconstant, comme un doigt qui s'élèverait pour nous prévenir et nous montrer avec insistance ce qui vaut la peine d'être vu. Au-dessus du village qui s'endort, un spectacle superbe danse sous nos yeux. Les astres tourbillonnants semblent animés et les hachures, héritées sans doute du cerne des estampes japonaises, loin de border harmonieusement le tout, donnent, avec ce mouvement en spirale, un rythme presque fiévreux à l'ensemble. Le ciel ainsi représenté, étincelant de puissance, occulte complètement les lumières de la ville et de la modernité, qui semblent insignifiantes face à cette nature en pleine gloire.

Réalisée environ huit mois après *Nuit étoilée sur le Rhône* (1888) et un an avant la mort de l'artiste, cette œuvre souligne certes l'instabilité mentale du peintre qui vient de connaître une crise importante durant l'été, mais nous offre aussi une vision céleste de la nature et traduit l'ivresse de Van Gogh devant le vertige de l'immensité.

LA CHAMBRE DE VAN GOGH À ARLES

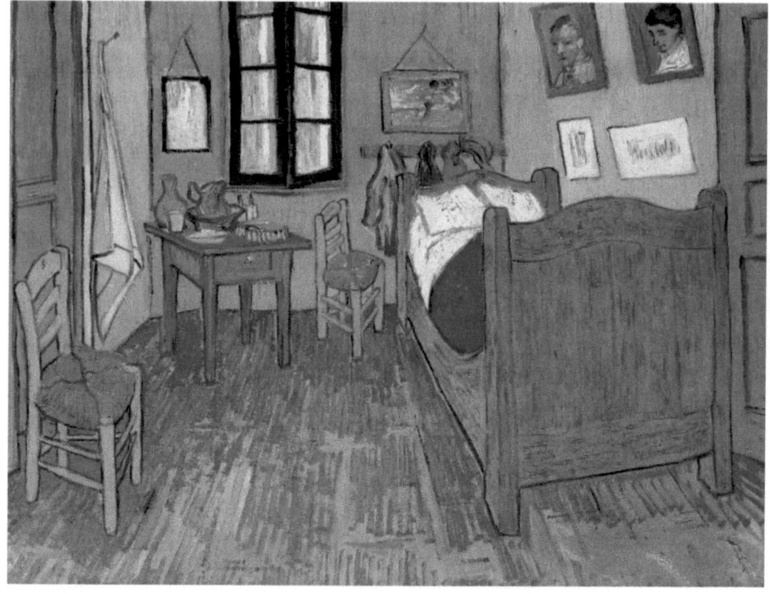

La Chambre de Van Gogh à Arles, 1889, huile sur toile, 57,3 x 73,5 cm, Paris, musée d'Orsay.

Cette représentation de la chambre de Van Gogh à Arles en est la troisième version, relativement similaire aux deux précédentes, l'originale ayant subi une inondation lors d'une hospitalisation de l'artiste. Van Gogh cherche ici à représenter l'extrême simplicité et la sobriété monacale dans laquelle il vit, n'hésitant pas à la comparer à la sobriété des chambres japonaises, pourtant bien différentes.

Si les portraits aux murs représentaient initialement deux peintres, dont le Belge Eugène Boch (1855-1941), cette nouvelle interprétation, qu'il offre à sa sœur, comporte un autoportrait, sans doute afin de mettre en avant le propriétaire des lieux, comme c'était d'usage dans les tableaux flamands. Réalisée à l'origine juste avant l'arrivée de Paul Gauguin, cette toile représente deux chaises vides qui symbolisent l'attente, tandis que la fenêtre, fermée, renvoie à l'idée de claustration. Les lignes de fuite, avec lesquelles Van Gogh joue, soulignent la connaissance par ce dernier des lois artistiques qui régissent l'art de la Renaissance. L'instabilité volontaire de la perspective, bancale, s'oppose à la parité qui règne dans cette chambre – tout dans cet intérieur fonctionne par paire –, symbole d'équilibre. L'artiste voudrait-il nous signifier que dans la réclusion de ce havre il connaît une période de repos ? L'aspect ordonné de la chambre semble corroborer ces dires, tandis que les deux oreillers, évoquant le couple, soulignent une volonté de constance de la part du peintre.

Outre les tableaux accrochés au mur – qui, du reste, pourraient être simplement décoratifs –, rien n'indique la profession de l'hôte de cette chambre. Aucun pinceau ni aucun outil de travail ne viennent donner un indice. Seules des blouses pendues derrière le lit pourraient le trahir, mais elles sont à peine visibles. La chambre est donc présentée comme un lieu de repos pour Van Gogh, loin de la fièvre créatrice qui le sauve et le fatigue en même temps. Pour cette dernière version, le bleu prédomine, symbole de calme et d'apaisement. Ici, l'artiste exprime son message uniquement par le biais de la couleur : « Par tous ces tons, j'ai voulu exprimer le repos absolu. » (Lettre à Paul Gauguin, n° 706, 17 octobre 1888, sur vangoghletters. org, consulté le 20 juillet 2014) On s'interroge sur ce à quoi le peintre pense réellement en réalisant cette version, moins d'un an avant sa mort...

VAN GOGH, UNE SOURCE D'INSPIRATION

LA COULEUR DU FAUVISME

Artiste inclassable et atypique, Van Gogh, qui se sentit incompris tout au long de sa vie, ne crée aucun mouvement à proprement parler : on le classe dans le « postimpressionnisme », terme qui ne correspond à aucun courant précis mais définit, d'un point de vue temporel, la période artistique dans laquelle il se situe. Toutefois, peu de temps après sa mort, Vincent Van Gogh, devient, à son insu, la référence incontournable de deux courants artistiques majeurs de l'art moderne : le fauvisme et l'expressionnisme.

Le premier, représenté par Henri Matisse (1869-1954), Georges Rouault (1871-1958), Albert Marquet (1875-1947), Maurice de Vlaminck (1876-1958), Kees van Dongen (1877-1968) ou encore André Derain (1880-1954), s'engouffre dans la voie ouverte par le maître en ce qui concerne l'usage excessif de la couleur, dont Van Gogh souhaite qu'elle porte en elle sa propre signification. Ainsi, le fauvisme se définit avant tout par son usage violent, voire choquant, de la couleur qu'il utilise en aplat, ce qui vaut à ces artistes le surnom de « fauves » par Louis Vauxcelles.

Pour l'anecdote, après l'exposition de Van Gogh chez Berheim en 1901, Vlaminck se serait écrié : « Je compris que j'aimais Van Gogh plus que mon père. » Ainsi, dans *Le Jardinier* (1904), on sent claire-ment l'influence de l'artiste néerlandais dans l'emploi de la couleur. De même, dans *Le Cultivateur* (1905), l'inspiration thématique, la force chromatique, ainsi que l'emploi de la touche saccadée qui griffe autant le ciel que le champ de blé ne sont pas sans évoquer le *Peintre sur la route de Tarascon* (1888) de Van Gogh.

De même, dans son *Autoportrait* réalisé en 1906, on comprend qu'Henri Matisse puise son inspiration dans le portrait d'Eugène Boch de Van Gogh (1888). En effet, si la position du modèle, de trois quarts, reste classique, l'emploi de la couleur pour sculpter son visage est une référence explicite à l'œuvre vangoghienne.

VERS UN NOUVEAU LANGAGE ARTISTIQUE

Par la torsion de la ligne, qui trahit sa psychologie tourmentée, Van Gogh assigne un nouveau rôle à l'œuvre d'art : celui de traduire la personnalité du peintre. Désormais, ce n'est plus l'objet du tableau qui est au cœur des préoccupations, mais bien le style, révélateur de l'inconscient du créateur. Cette façon d'appréhender l'art ne pouvait que créer des émules au sein du mouvement expressionniste, né à la veille du premier conflit mondial, avec pour figures de proue Edvard Munch (1863-1944), Emil Nolde (1867-1956), Franz Marc (1880-1916), Ernst Ludwig Kirchner (1880-1938), Max Beckmann (1884-1950), Oskar Kokoschka (1886-1980), Egon Schiele (1890-1918), ou encore Otto Dix (1891-1969). Dans *Nöllendorfplatz* (1912), Kirchner reprend le point de vue en contre-plongée, la situation géographique à la croisée des chemins, la perspective maladroite et la distorsion du bâtiment que Van Gogh emploie dans *L'Église d'Auvers-sur-Oise, vue du chevet* (1890). Le sentiment de déséquilibre qui en résulte offre une vision fantastique, voire fantasmagorique, du paysage, à mi-chemin entre rêve, inquiétude et réalité.

Ainsi, l'art de Van Gogh, par sa facture autant que par sa thématique, influence significativement l'avant-garde du début du XXe siècle. Son style contorsionné fait partager sa vision presque animiste de la nature, engendrant des paysages animés comme celui, par exemple, de l'expressionniste russe Chaïm Soutine (1893-1943), *Paysage de Céret* (vers 1920-1921). Cette œuvre, par son chromatisme et, surtout, par la convulsion exacerbée des arbres, se réfère ouvertement aux *Oliviers* (1889) de Van Gogh.

Si ce dernier souffre toute sa vie d'une grande solitude, rarement un peintre n'entraine à sa suite une telle effervescence créatrice. Cet artiste en marge, au talent ignoré parce que trop visionnaire, sème dans son sillage, à l'image de ces paysans qu'il comprend, les graines d'un nouveau langage qui éclaira l'art des plus grands avant-gardistes. La moisson vangoghienne bouleverse la création artistique de tout le XXe siècle.

EN RÉSUMÉ

- Né en 1853, face au plein essor de la modernité et à la fièvre industrielle qui s'empare du XIX\ :sup:`e` siècle, Van Gogh représente dans bon nombre de ses toiles une vision édénique du monde rural, louant la simplicité paysanne et la nature. Fils de pasteur, très sensible à la misère d'autrui, l'artiste dépeint les habitudes et les préoccupations du peuple, fidèle au réalisme et au naturalisme, et profondément influencé par le peintre Jean-François Millet.

- Son art s'inspire également du « monde flottant » des estampes japonaises : on retrouve ainsi dans ses toiles la simplification du motif par la ligne, la fluidité du trait, les aplats de couleurs ou encore le cadrage décalé par rapport au sujet.

- Mais l'impressionnisme n'est pas non plus étranger à son univers pictural : en particulier, les recherches des impressionnistes en termes de chromatisme ne le laissent pas indifférent, trouvant un écho dans plusieurs de ses toiles.

- Son indépendance artistique et sa personnalité atypique expliquent sans doute que, de son vivant, il ne constitue ni école, ni cette communauté artistique dont il rêve. Toutefois, il a une influence fondamentale sur l'art moderne, le fauvisme en particulier, grâce à son usage violent des couleurs pures.

- Enfin, en insérant sa psyché au cœur de son œuvre, Van Gogh ouvre aux expressionnistes la voie d'un langage nouveau. Les sujets de ses tableaux reflètent son état d'esprit, à l'instar de ses célèbres *Tournesols*, qui représentent à la fois son moi idéal, en pleine gloire, incarné par les fleurs ouvertes, et son moi finissant, représenté par les fleurs inclinées.

- Un des traits les plus caractéristiques de l'œuvre de Van Gogh est sans conteste la torsion du trait, reflet de son inconscient torturé.

POUR ALLER PLUS LOIN

SOURCES BIBLIOGRAPHIQUES

- ARTAUD (Antonin), *Le Suicidé de la société*, Paris, Gallimard, 1990.
- AURIER (Gabriel-Albert), « Les Isolés : Vincent Van Gogh », in *Mercure de France*, Paris, le 10 janvier 1890.
- BARIELLE (Jean-François), *Vie et Œuvre de Van Gogh*, Paris, ACR édition-Vilo, 1984.
- « Biographie courte et simplifiée sur le peintre Vincent Van Gogh », sur http://www.van-gogh.fr/biographie-simplifie-courte-de-van-gogh.php, consulté le 17/07/2014.
- « Biographie de Vincent Van Gogh (1853-1890) », sur http://www.eternels-eclairs.fr/biographie-vincent-van-gogh.php, consulté le 18/07/2014.
- BONNAFOUX (Pascal), *Van Gogh, le soleil en face*, Paris, Gallimard, 1997.
- BURTY (Philippe), « Exposition universelle de 1878. Le Japon ancien et moderne », in *L'Art*, volume 4, tome 15, 1878.
- Catalogue de l'exposition *Van Gogh/Artaud. Le suicidé de la société*, 11 mars-6 juillet 2014, Paris, coédition musée d'Orsay/Skira, 2014.
- COLLECTIF, « Van Gogh/Artaud au musée d'Orsay », in *Beaux-Arts Magazine*, mars 2014.
- COQUIOT (Gustave), *Des Peintres maudits : Cézanne, Daumier, Gauguin, Lautrec, Modigliani, Rouault, Seurat, Sisley, Utrillo, Van Gogh*, Paris, Delpeuch éditeur, 1924.
- Correspondance entre Vincent et Théo Van Gogh, sur www.vangoghletters.org, consulté le 20 juillet 2014.
- DURET (Théodore), *Vincent Van Gogh*, Paris, Berheim-Jeune éditeur, 1916.
- EITNER (Lorenz), *La Peinture du XIXe siècle en Europe*, Paris, Bibliothèque des Arts, Hazan, 2007.

- HEINICH (Nathalie), *La Gloire de Van Gogh. Essai d'anthropologie de l'admiration*, Paris, Éditions de Minuit, 1991.
- NAIFEH (Steven) et WHITE-SMITH (Gregory), *Van Gogh*, Paris, Flammarion, 2013.
- RESTELLINI (Marc), communiqué de presse pour l'exposition *Van Gogh, rêves de Japon et Hiroshige, l'art du voyage*, 3 octobre 2012-17 mars 2013, Paris, Pinacothèque, juillet 2012.
- TERRASSE (Charles), *Van Gogh*, Paris, Floury, 1947.
- UHDE (Wilhem), *La Vie et l'Œuvre de Vincent Van Gogh*, Vienne/ Paris, Phaidon, 1936.
- UITERT (Evert van), TILLEBORGH (Louis van) et HEUGTEN (Sjraar van), *Van Gogh. Peintures/dessins*, Milan, Arnoldo Mondadori Arte, De Luca Edizioni d'Arte/Paris, Albin Michel, 1990.
- « Van Gogh », sur www.impressionniste.net/vangogh.htm, consulté le 20 juillet 2014.

SOURCES ICONOGRAPHIQUES

- VAN GOGH (Vincent), *Autoportrait à l'oreille bandée*, 1889, huile sur toile, 51 x 45 cm, Chicago, collection particulière. La photo reproduite est réputée libre de droits.
- VAN GOGH (Vincent), *La Chambre de Van Gogh à Arles*, 1889, huile sur toile, 57,3 x 73,5 cm, Paris, musée d'Orsay. La photo reproduite est réputée libre de droits.
- VAN GOGH (Vincent), *Le Semeur au soleil couchant*, 1888, huile sur toile, 64 x 84,5 cm, Otterlo, Rijksmuseum Kröller-Müller. La photo reproduite est réputée libre de droits.
- VAN GOGH (Vincent), *Les Mangeurs de pommes de terre*, 1885, huile sur toile, 82 x 114 cm, Amsterdam, musée Van Gogh. La photo reproduite est réputée libre de droits.
- VAN GOGH (Vincent), *Les Tournesols*, 1888, huile sur toile, 92,1 x 73 cm, Londres, National Gallery. La photo reproduite est réputée libre de droits.

- VAN GOGH (Vincent), *Nuit étoilée*, 1889, huile sur toile, 73,7 x 92,1 cm, New York, Museum of Modern Art. La photo reproduite est réputée libre de droits.

SOURCES COMPLÉMENTAIRES

- *Van Gogh*, court métrage d'Alain Resnais, France, 1948.
- *Van Gogh*, film de Maurice Pialat, avec Jacques Dutronc, France, 1991.
- *La Vie passionnée de Vincent Van Gogh*, film de Vincente Minelli et Georges Cukor, avec Kirk Douglas et Anthony Quinn, États-Unis, 1956.

50MINUTES

Art

Business

Histoire

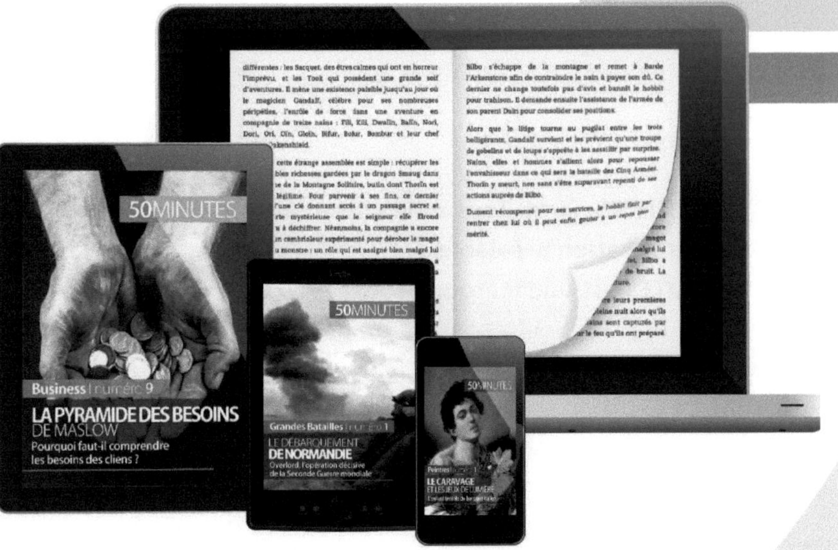

SOYEZ LÀ
OÙ ON NE VOUS ATTEND PAS !

www.50minutes.com

© 50MINUTES, 2014. Tous droits réservés. Pas de reproduction sans autorisation préalable.
50MINUTES est une marque déposée

www.50minutes.com

Éditeur responsable : Lemaitre Publishing
Rue Lemaitre 4 | BE-5000 Namur
info@lemaitre-editions.com

ISBN ebook : 978-2-8062-5826-7
ISBN papier : 978-2-8062-5827-4
Dépôt légal : D/2014/12603-182
Photo de couverture : © *Autoportrait à l'oreille bandée*, par Vincent Van Gogh, 1889.

Conception numérique : Primento,
le partenaire numérique des éditeurs